AF324420

ALLOCUTION

PRONONCÉE PAR M. L'ABBÉ C. RICHER

Curé-doyen de Saint-Jacques de Dieppe

Archiprêtre de Dieppe

À L'OCCASION DU MARIAGE DE MONSIEUR ÉMILE RENAULT

ET DE MADEMOISELLE AGATHE HANIN

Célébré en l'Eglise Sainte-Madeleine de Rouen

le 9 juin 1890.

ORSQUE deux Epoux entrent dans nos Eglises pour y mettre leurs serments sous la garde des divines bénédictions : lorsqu'ils traversent les rangs amis pour s'avancer tout près de l'autel où va se sceller leur union... il n'arrive pas toujours comme aujourd'hui... que l'un des deux retrouve dans l'église de son mariage, des souvenirs aussi vivants et aussi émus !

Du reste, c'est à ces souvenirs que je dois moi-même de me retrouver à cette place et... ils ont été si bien compris par... deux prêtres vénérables, frères dans l'amabilité que l'un vous a gracieusement laissé venir à l'église de votre choix, que l'autre, en vous laissant entrer dans la sienne, veut encore m'y céder sa place. Je leur porte à tous deux (puisqu'ils ajoutent à cette première bonté celle de leur présence)... le merci de votre cœur.

Pour vous en effet, mon enfant, l'entrée dans cette église de Sainte-Madeleine ajoute aux grandeurs de cette cérémonie, l'émotion des souvenirs et les charmes facilement évoqués, d'un passé... déjà lointain !

Cette église, qu'ornait avec tant d'amour, où présidait avec tant d'autorité et de distinction, le prêtre que vous aimiez et qui fut pour votre enfance un vrai père : ce sanctuaire, don de sa munificence, où vous reçûtes de sa main pour la première fois le Pain des Anges; l'église où, depuis les belles verrières qui nous versent en ce moment la lumière, jusqu'à l'autel merveilleux sorti de sa pensée et de son bon goût, et où les délicatesses de l'art s'unissent à la variété et aux richesses de la nature, tout nous parle de lui, qui, lui, hélas ! ne nous parlera plus. Combien nous aimerions cependant à nous taire pour l'écouter.

Il vous eût dit certainement, Monsieur, avec quelle foi il confiait à votre loyauté et à votre vaillance la jeune fille qui se donne à vous aujourd'hui. Vous venez, dit-on, au mariage avec des habitudes de vie sérieuse et par conséquent avec l'intégrité de votre cœur. Les exemples que vous avez reçus et que vous avez encore tous les jours sous les yeux, dans la maison maternelle, vous ont fait ces qualités solides. Rien n'est beau et rassurant pour la jeune fille qui vous confie son sort, comme cette respectueuse et filiale affection dont vous entourez ce foyer domestique, où, depuis l'aïeule vénérable, on compte jusqu'à trois générations se prêtant l'une à l'autre un mutuel appui.

Ce sérieux de la vie, vous le trouverez également dans celle qui vous apporte, avec son cœur, une similitude parfaite des principes, des habitudes et des qualités qui vous feront bénir plus d'une fois la religion qui a travaillé pour vous. Dieu l'y préparait d'ailleurs en faisant autour d'elle un vide si complet de toutes les affections qu'aujourd'hui elle serait seule ici-bas, si Dieu, dans sa bonté, ne lui avait conservé celle qui s'est donné la mission de remplacer, comme une seconde mère, tous les absents.

A ces garanties naturelles du bonheur, viendront se joindre les grâces et les forces que le sacrement amène avec lui aux âmes bien préparées.

Oui, des forces surnaturelles; car, si le mariage pour les chrétiens est un lien ferme et à jamais indissoluble, sa fermeté même lui interdit de se prêter aux écarts, sa constance ne doit rien redouter ni du temps qui use tout le reste, ni de la douleur ou des adversités qui relâchent d'ordinaire les autres affections. Celle-ci, scellée par le contrat solennel que vous allez passer devant les autels s'affermit au contraire à l'action du temps, se cimente et s'épure sous l'action de la douleur et des épreuves supportées ensemble. Eh ! qui pourrait se flatter, en effet, que dans une route aussi longue que celle que nous vous souhaitons de parcourir ensemble, il ne se trouvera jamais un obstacle devant ses pas et jamais un nuage au ciel de la meilleure union ?

Si le Mariage est encore une *mission*, et une grande mission puisque vous la recevez en même temps de Dieu, de la famille et de la société, pour former une famille nouvelle où se perpétueront les saintes traditions de foi et de respect où vous fûtes vous-mêmes formés, comment s'acquitter de cette mission, car il y a là des assujettissements et des devoirs qui vont croissant à mesure que Dieu multiplie au foyer les êtres qui le peuplent; il y a là des obligations lourdes à la faiblesse humaine ; il se fait là des situations délicates et perplexes que, seules, les lumières d'un esprit, même délicat, ne suffisent pas à éclairer et à dénouer.

Il faut donc à votre bonheur la grâce d'en haut, et Dieu l'a miséricordieusement déposée dans le sacrement que vous allez recevoir. C'est pour vous le faire entendre que l'Eglise va bénir l'*anneau*, symbole gracieux de cette union que rien ne doit briser et comme le premier anneau de cette chaîne qui commence : pour cela, qu'elle va unir vos mains non seulement en signe de fidélité inviolable, mais en signe de support et d'aide réciproque pour vous faire entendre que vos mains auront souvent dans la suite à être tendues l'une à l'autre.

Que cette grâce donc du sacrement vous garde

tous les deux et dans la vertu et dans le bonheur. Qu'elle éloigne de vous les défaillances, les tristesses et les mécomptes, qu'elle vous fasse heureux en un mot! Recevez-la sous le regard bienveillant des anges du sanctuaire et aussi des pieux témoins envolés de la terre, mais qui sourient dans le ciel à la joie de ce jour. Unissez vos prières aux nôtres quand nous les porterons tout à l'heure au saint autel, les rendant ainsi plus efficaces en les faisant passer par le cœur de Jésus-Christ.

Et maintenant, confiez-nous vos serments et que Dieu les sanctionne et les bénisse par notre ministère.

Ainsi soit-il.

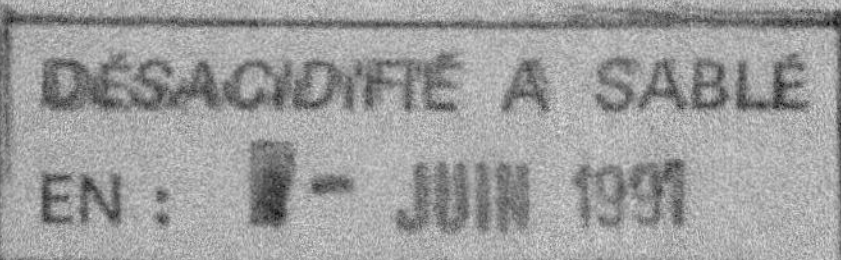

www.ingramcontent.com/pod-product-compliance
Lightning Source LLC
LaVergne TN
LVHW010302060726
842527LV00007B/2816